RÉPONSE

DE

M. A. T. V. BABET

AU

RAPPORT

DE LA COMMISSION

DU

CONSEIL MUNICIPAL DE SAINT-PIERRE

1894

TYPOGRAPHIE ALBERT DUBOURG

DITE IMPRIMERIE L'UNION

ST-DENIS (RÉUNION), PLACE DE L'HOTEL DE VILLE

1894

Saint-Pierre, le 10 mai 1894.

Monsieur le Rédacteur du journal le *Réveil*

Saint-Denis.

Monsieur le Rédacteur,

Il ne m'était pas possible, bien que je ne m'occupe pas de politique actuellement, de laisser passer sans réponse les critiques mal fondées, adressées à mon administration de huit années, par le Conseil municipal actuel. Son rapporteur a travesti tout ce que j'ai fait, avec dévouement, de bien et d'utile pour assurer la prospérité de la commune. Ses critiques n'ont qu'un but, me faire perdre l'estime de mes concitoyens, et, par contre, se dresser à lui-même un piédestal pour les électeurs dont il s'agit d'obtenir de nouveau les suffrages.

Sachant que vous êtes impartial, indépendant, ce qui fait que vous soutenez aussi bien le faible que le fort, le pauvre que le riche et que vous êtes surtout un républicain honnête, je viens vous prier de m'accorder l'hospitalité de votre journal démocratique pour reproduire dans vos colonnes la réponse que je fais au rapport de la Commission chargée d'établir la situation financière de la commune, voté dans sa séance extraordinaire du samedi, 10 Mars 1894.

Permettez-moi, Monsieur le Rédacteur, d'espérer que ma demande sera favorablement accueillie. Aussi je vous en remercie à l'avance.

Veuillez agréer, M. le Rédacteur, l'assurance de mes sentiments respectueux.

A. BABET.

RÉPONSE

DE

M. A. T. V. BABET

AU

RAPPORT

DE LA COMMISSION

DU

CONSEIL MUNICIPAL DE SAINT-PIERRE

1894

Après avoir lu le rapport de la Commission, on s'aperçoit que la commune se trouve dans une situation bien difficile ; d'un côté, on voit qu'elle est on ne peut plus paralysée, et de l'autre, que la municipalité se préoccupe beaucoup de l'approche des élections ; ce qui fait que les élus de 1888 se débattent comme des diables afin que l'on sache bien qu'ils s'occupent de la commune et mettent tout leur dévouement à la sortir du péril dont elle est menacée, de la banqueroute peut-être, dans laquelle ils l'auront plongée eux-mêmes, n'en déplaise à M. le rapporteur. La population n'est pas dupe aujourd'hui de cet étalage de dévouement. Car, voilà bientôt sept années qu'ils se sont emparés du pouvoir pour administrer une commune qu'ils connaissaient parfaitement obérée. Qu'ont-ils fait pour la relever? On a constaté, au sein de leurs assemblées, des discours ronflants mais sans effet. Au contraire, la situation s'est aggravée; ils le reconnaissent du reste. Ils ne le reconnaîtraient pas, que les déficits considérables que nous savons être la conséquence d'une administration mauvaise, imprudente, coupable, seraient là pour parler; administration plus imprudente et plus coupable que la précédente, quoique, au dire de ces messieurs, ce soit cette dernière qui doive être chargée de tous les péchés d'Israël.

Aussi la position est-elle navrante, écœurante! Elle préoccupe tous ceux qui ont souci du bien-être de la commune et qui apprécient les grands sacrifices qu'elle a faits pour le maintien de son mouvement maritime, sa plus grande source de prospérité.

Dans tous les pays où il existe des ports créés ou naturels, on constate la prospérité, la richesse et le bien-être p r tout le monde; mais à Saint-Pierre, c'est tout le contraire : nous avons la ruine et la misère. Il doit dès lors se produire à Saint-Pierre des choses extraordinaires, notamment une mauvaise volonté qu'on ne voit nulle part, puisqu'un établissement qui doit enrichir, appauvrit au contraire ici. Comment s'étonner après cela qu'on ait vivement reproché, fait un grand crime, en plein Conseil, à l'ancien maire, d'avoir dépensé un millier de francs pour tenter de faire connaître dans l'annuaire maritime le port de Saint-Pierre aux armateurs français et étrangers, alors qu'en France, comme dans les autres pays, on dépense tant d'argent pour la publicité, quand la nécessité se fait sentir, comme pour le port de Saint-Pierre.

Vous dites que le chiffre de la dette de la commune est de 8.369.128 fr. 86. On voit bien quel est le fond de votre secrète pensée, vous exagérez à dessein la dette en y comprenant le capital et les intérêts de l'avenir, pour mieux déprécier la chose commune, que vous avez pour devoir de défendre et de faire valoir ; vous dites donc que le chiffre de la dette est de 8.369.128 fr. 86 c., mais pourtant l'ancienne municipalité ne vous a laissé qu'une dette de 3.500.000 fr. au plus. En effet, nous constatons que la commune n'a emprunté pour une première fois que 1.500.000 fr. sur lesquels elle avait déjà payé en 1888 environ la moitié des annuités de 15 années, et pour la deuxième fois 3.000.000 dont 4 annuités environ également avaient été payées sur les 20 annuités. Nous ne parlerons pas de l'emprunt de 260.000 fr.

Si vous avez continué à payer vos annuités jusqu'en 1892, époque à laquelle vous avez obtenu, par une nouvelle loi, de proroger les dites annuités en 20 et 35 années, de ce chef, 3 annuités 1/2 plus 1/4 soit 498,750 francs au moins devaient être payés par vous de l'emprunt de 1,500,000 francs dont la moitié des annuités déjà payée jusqu'en 1888, comme nous l'avons dit ; il ne devait donc rester dû en 1892, que 3 annuités de 133,000 francs, plus une moitié et un quart d'annuité, soit 498,750 francs. Nous ne vous dirons rien de la dette des 3 millions en ce moment, car vous n'avez pu peut-être l'amortir. Serait-ce de votre faute ou par suite du manque d'argent ?

Après avoir examiné, étudié et approfondi la situation de la commune en 1888, et jusqu'en 1892, vous saviez que vous aviez accepté une lourde charge et qu'il vous fallait faire de grandes économies pour réussir à équilibrer votre budget, à relever la commune et qu'il vous fallait aussi employer toute votre influence auprès de vos amis et même de vous mêmes grands propriétaires au sein du conseil municipal, puis donner toute votre énergie pour ramener le mouvement maritime de St-Pierre, mouvement qui tendait de plus en plus à disparaître et dont vous connaissiez parfaitement la cause de l'insuccès. Dites-nous, nous vous prions, quelles sont les économies que vous avez faites et quels sont aussi vos efforts, vous qui deviez être les sauveurs de cette commune dont les intérêts avaient été tant sacrifiés, ainsi que vous n'avez cessé de le répéter. Nous ne voyons absolument aucune économie réalisée jusqu'en 1892 où nous nous arrêtons pour le moment. Au contraire, nous constatons de nouvelles dépenses inutiles : augmentation du personnel de la police, dont une partie avec

élévation de classe, quand il fallait, en admi-
nistrateur prévoyant, le réduire ; création de
nouveaux postes de police ; augmentation du
personnel des cantonniers, de 20 portés à 27
dont deux sous-chefs de plus ; élévation des
appointements des employés de mairies et de
quelques autres de la commune dont il fallait récompenser le dévouement ou plutôt le
coup de force de 1888 ; et encore d'autres
dépenses telles que la reconstruction de la
gare au port, ce qui n'a pas mal coûté d'argent à la commune, assure-t-on. Est-ce là une
bonne administration ? Est-ce là prévoir ?
Dites-le nous, s'il vous plaît, grands propriétaires ou industriels du conseil municipal !
La main sur la conscience, depuis que vous
êtes en fonctions, vous êtes-vous appliqués
scrupuleusement, honnêtement à faire passer
par le port de Saint-Pierre tous vos produits et
ceux de vos amis ainsi que les denrées d'importation nécessaires à votre consommation. Ré-
pondez-nous, alors que vous vous trouvez aux
prises avec une crise financière et que vous-
mêmes vous criez à la banqueroute.

Vous nous rappelez, dans ce factum, un pas-
sage du rapport de M. Barrabé, du 27 novem-
bre 1888, où il est dit qu'on a distrait, du
dernier emprunt, des sommes assez importan-
tes pour les travaux communaux. Quelles
sommes ? Il ne peut être question que de celle
qui a servi à défoncer la rue du Presbytère
pour avoir des pierres indispensables à la
confection de la cale-sèche ou bassin de ra-
doub ; mais ce n'est pas cette somme qui aurait pu assurément vous défendre de payer les

annuités échues ou à échoir. Certes, cette somme avait sa double utilité et a été plus utilement dépensée que celle de 60 mille francs tout au moins que vous avez dépensée pour creuser un chenal devant faciliter uniquement le mouvement des chaloupes des marines avec le port, travail qui n'était nullement nécessaire et n'a du reste pas été utilisé ; travail qui laisse même supposer, chose grave, que votre souci se portait plutôt du côté des marines que du port, de ce port qui seul pourtant doit sauver vos marines.

Passons maintenant en 1892, et voyons un peu ce que fait la municipalité. Elle semblait être satisfaite ; en effet, pour avoir obtenu une prorogation de termes pour les annuités, comme nous l'avons dit plus haut ; la commune n'aura plus à payer des annuités aussi fortes; elle a 20 années pour amortir et régler sa dette de 498,750 francs , solde de l'emprunt dû à la caisse des dépôts et consignations au 25 février 1892, et 35 années pour achever de payer le solde de la dette de trois millions, soit en capital et intérêts moratoires 3,375,528 francs 40 centimes au 31 Janvier 1892. Mais cette satisfaction n'est qu'illusion ; il semble que votre satisfaction vient de ce que vous nous ferez rester plus longtemps dans les liens et les charges de la dette comme pour nous laisser les remords d'avoir fait un port que vous rendrez improductif ! Cette satisfaction, en tout cas , n'est qu'illusoire , car il faudra donner du travail aux électeurs, satisfaire l'appétit de quelques-uns de vos dévoués. Cependant le budget a besoin d'être réduit ; tout le démontre ; les années sont mauvaises ; les produits du port tendent à disparaître ; l'octroi a beaucoup diminué par le fait même de l'abandon d'un tiers pour parfaire l'annuité de la caisse des dépôts et consignations. Va-t-on enfin entrer dans la voie des économies ? Non! Le budget sera établi comme par le passé, au contraire, avec une augmentation de dépense. On achète deux immeubles, dont le premier au Tampon où l'on construit de vastes et coquets bâtiments destinés à l'école des garçons, et le second à la Petite-Ile, où l'on édifie une maison architecturale ; en ville, sur la petite place de l'ancienne fontaine, on y construit, pour le musée, un nouveau bâtiment en pierres en forme de chapelle et qu'on achèvera aux prochaines élections ; on restaure aussi l'Hôtel de Ville. Tout cela pouvait être nécessaire, mais fallait-il que la commune fût dans une autre position. Pendant ce temps, que devient le port qui devrait attirer l'attention toute spéciale du maire ? Il est abandonné, oublié à un tel point qu'on n'y voit plus de navires ; le matériel se vend ou se détériore par manque notoire de soins et de vigilance ; certaines fourmis voyageuses, la nuit surtout, enlèvent ce qu'elles peuvent. Aussi, assure-t-on, qu'il ne reste que les gros outils. Plusieurs navires voudraient entrer dans la cale-sèche pour se faire nettoyer ou réparer, impossible, la pompe ne fonctionne pas ou elle ne fonctionne que très mal ; c'est de l'argent que la commune perd. Aussi les recettes du port sont-elles tombées à 18 mille francs en 1893, n'est-ce pas incroyable !!! Du temps de l'ancien maire , le port produisait dans les 100 mille francs au moins , malgré la lutte qu'il avait à soutenir.

Que dites-vous de cela , vous surtout électeurs qui avez placé votre confiance dans ces hommes qui s'étaient donnés comme les sauveurs de la commune. N'avez-vous pas assez de tels sauveurs ?

Que dit encore ce factum ? Il nous apprend que le budget de 1893 laisse un déficit de 178 mille francs (avec une erreur de dix mille frs) résultat d'une simple soustraction. Et dire, que l'on avait accusé l'ancien maire d'en avoir commis sans pouvoir prouver ce qu'on l'on avançait :

Votre budget de 1893 est, en recettes, dites-vous de   555,715 fr. 50
et en dépenses extraordinaires
de   275,340

fr. 280,375 fr. 50

Il vous reste donc 280,375 francs 50 c. pour faire marcher le service communal ; mais en homme intelligent, énergique et dévoué qu'est le maire actuel, dont l'administration ne ressemblera jamais, avait-il proclamé, à celle d   '. Babet, ne devait-il pas prévoir afin d'év   des déceptions en face de ces 280,375 francs 50, dont la rentrée était très incertaine, qu'il fallait réduire le nombre de ses employés, surtout ceux des mairies et leurs traitements, tandis que c'est tout le contraire qui a été fait. Aussi on a laissé aujourd'hui des loisirs tels aux employés de commune, qu'ils éprouvent le besoin , en dehors de leurs occupations, de se livrer à d'autres industries.

Un mot sur le mouvement maritime que faisait autrefois Saint-Pierre et sur la façon dont l'emprunt de 3 millions a été contracté. L'importation et l'exportation se chiffraient officiellement à un tonnage annuel de beaucoup plus de 40 mille tonnes. Plus tard, en 1882, ce mouvement a été de 31,500 tonnes par 56 bâtiments au-dessus de 75 tonneaux de jauge, soit ensemble 29,381 tonneaux 540. Et en 1883, ce mouvement a été de 39,300 tonnes par 63 navires dont la jauge officielle était de 32,195 tonneaux , sans compter le mouvement des caboteurs qui ont fait autour de l'île des opérations avec Saint-Pierre et qui sont aussi astreints au droit de tonnage. Il y a lieu de faire remarquer que les bâtiments de 75 tonneaux et au-dessous qui ont fait en 1882 et en 1883 le commerce entre Maurice, Madagascar et Saint-Pierre, ne sont pas compris dans la nomenclature de ces navires et qui ont pourtant produit à la commune.

Quand l'emprunt des 3 millions fut demandé, l'administration supérieure a présenté un rapport dans lequel son avis favorable et motivé était ainsi libellé : Les revenus à faire par le port, et affectés au dit emprunt, sont évalués à 235,000 francs auxquels elle a ajouté 65,384 francs 75 c., reliquat de budget comme devant suffire au-delà pour couvrir l'annuité des 3 millions. Aussi l'Administration supérieure concluait-elle à l'emprunt qui

devait servir à l'agrandissement et au creuse-
ment du port ; ce sont les conclusions du
rapport de l'Administration. Si les choses ont
tourné autrement, si les revenus sont venus
à manquer, à qui la faute ? Est-ce à l'ancien
maire ou à l'administration municipale ac-
tuelle ? Nous prenons pour juge le public qui
appréciera sainement les faits. Voilà la vérité,
n'en déplaise à ceux qui disent que ces revenus ont été exagérés d'une façon vraiment incroyable... A ce point « qu'on croit vraiment rêver en présence de chiffres aussi fantaisistes.» Mais pourquoi ces chiffres ne pa-
raissaient pas exagérés quand l'ancien maire
était en fonction et qu'il produisait, et pourquoi semblent-ils fantaisistes aujourd'hui à
ceux qui ont été incapables de produire, ou
qui n'ont pas voulu produire intentionnelle-
ment ?

Il vous appartenait, comme nous l'avons
déjà dit, d'employer votre influence , votre
énergie et votre dévouement, sur lesquels les
électeurs qui vous avaient élus, comptaient
pour ramener ce mouvement maritime pour
le tout, ou tout au moins pour une grande
partie.

Dites-nous donc pourquoi les navires de la
Compagnie hàvraise ne viennent plus à Saint-
Pierre alors qu'ils font pourtant les rades de
l'île. Dites-nous aussi pourquoi les navires,
venant de l'Inde et chargés de grain, ne viennent plus à Saint-Pierre comme du temps de
l'ancien maire ? Nous vous le demandons par
ce que tous les déboires qui surviennent à la
commune se produisent sous votre adminis-

tration, déboires que prévoyait le vieux défenseur du port de Saint-Pierre dont la mémoire ne périra pas dans les cœurs reconnaissants des bons Saint-Pierrois. Si vous aviez fait moindrement votre devoir, on vous en aurait su gré. Mais vous tenez au contraire à proclamer que les revenus du Port sont tombés en 1893 à 18 mille francs, et vous laissez même entendre que bientôt il vous faudra même payer pour pouvoir dire que vous avez un Port.

En face de résultats aussi déplorables, ayez donc le courage, au lieu de vous cramponner passionnément au pouvoir, de vous démettre, et vous aurez fait acte de bons citoyens. Ce jour-là nous crierons : la commune est sauvée !!! Elle est sauvée, car elle reprendra avec courage, en pansant les blessures que votre administration lui aura faites, l'œuvre patriotique au succès de laquelle l'ancien maire s'était voué, soutenu qu'il était par une majorité écrasante au sein de la commune, mais combattu aussi par un groupe aussi puissant qu'égoïste qui doit regretter aujourd'hui le malheureux effet de nos divisions.

Un dernier mot : Vous avez, pour conclusion, fait voter à l'unanimité par le Conseil que l'Etat prendrait la dette de la commune due à la Caisse des dépôts et consignations et au Crédit foncier de France, et que la commune lui rembourserait en 60 années par annuités de 75 mille francs ; et au cas où l'Etat ne prendrait que la dette du Crédit foncier, la commune payant alors le solde de la dette de la caisse des dépôts et consignations, rembourserait à l'Etat par annuités de 75 mille francs, après s'être libérée vis-à-vis de la Caisse des dépôts. Mais voyons ! Tout votre génie ne s'est exercé jusqu'ici qu'à augmenter la dette et en même temps à éterniser les annuités, et vous vous croyez de grands hommes, quand au lieu de payer, vous vous contentez de demander et d'obtenir que les termes soient prorogés. Mais encore une fois, on vous a envoyé au Conseil dans un autre but, pour travailler et produire en vue de libérer la commune.

Pour terminer, le maire fait une autre proposition à l'Etat, c'est la 3ᵐᵉ, et il dit à peu près en ces termes : Si l'Etat n'accepte aucune des deux propositions de la commission, la commune ne pouvant cependant pas conserver son port, elle vous propose son rachat par l'exploitation du Chemin de Fer et du Port de la Réunion ; car, ajoute-t-il : « C'est une entreprise qui devait répandre le bien-être à Saint-Pierre et qui n'a amené finalement que la ruine de notre commune.» Nous avons le droit de vous répondre hautement : Mais c'est parce que vous l'avez voulu et c'est parce que la passion politique, chez vous, annihile le patriotisme. Autrement, oseriez-vous commettre votre insigne maladresse de proposer à vos co-contractants une opération qui, suivant vous, n'apportera que la ruine à ceux qui la prendraient.

En 1888, il eut été possible que l'Etat traitât avec vous, mais aujourd'hui, nous ne le croyons pas ; on traiterait avec des hommes qui seraient les défenseurs dévoués d'une idée qu'ils représentent ; mais vous, vous êtes les pastiches de ceux-là. Vous représentez le port de Saint-Pierre comme M. de Broglie et consorts représentaient naguère la République. On traiterait assurément avec vous, si vous aviez le souci de la dette commune ; si vous employiez les moyens en votre pouvoir pour la payer ; mais vous, vous avez fait vos preuves. Vous ne vous êtes emparé du pouvoir que pour faire de la pression politique, pour tenter d'établir aux yeux de tous que M. Babet avait eu tort et que les habitants de Saint-Pierre avaient suivi un fatal entraînement en voulant quand même continuer les travaux de leur port.

Vous nous avez fait souffrir par votre administration. C'est possible ! Mais jamais, vous, vous ne pourriez prouver qu'il fait nuit en plein jour, jamais vous ne nous prouverez que nous n'avons désormais qu'à devoir des annuités sans avoir à nous servir du port pour nous permettre de les payer.

A bientôt, messieurs !

A. T. V. BABET.

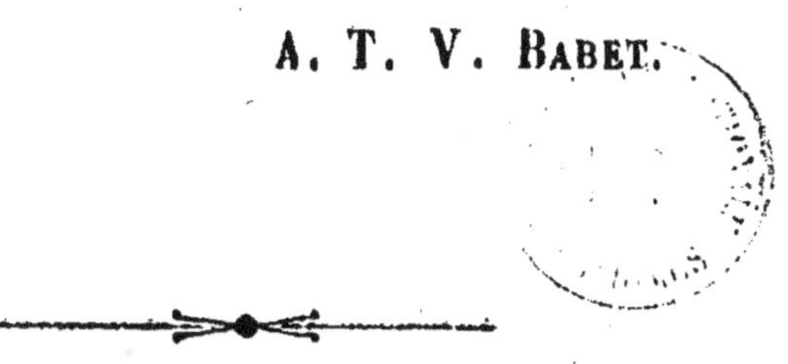